BEI GRIN MACHT SICH IHR
WISSEN BEZAHLT

- Wir veröffentlichen Ihre Hausarbeit,
  Bachelor- und Masterarbeit

- Ihr eigenes eBook und Buch -
  weltweit in allen wichtigen Shops

- Verdienen Sie an jedem Verkauf

Jetzt bei www.GRIN.com hochladen
und kostenlos publizieren

Bibliografische Information der Deutschen Nationalbibliothek:

Die Deutsche Bibliothek verzeichnet diese Publikation in der Deutschen National-
bibliografie; detaillierte bibliografische Daten sind im Internet über http://dnb.d-
nb.de/ abrufbar.

Impressum:

Copyright © 2014 GRIN Verlag, Open Publishing GmbH
Druck und Bindung: Books on Demand GmbH, Norderstedt Germany
ISBN: 9783668277878

Dieses Buch bei GRIN:

http://www.grin.com/de/e-book/338310/zur-stellung-von-kunst-und-kultur-in-der-
gesellschaft-eine-soziologische

Christian Rauschert

Zur Stellung von Kunst und Kultur in der Gesellschaft. Eine soziologische Analyse des Theaterpublikums

GRIN Verlag

Hausarbeit für den BA-Studiengang Soziologie an der LMU München

Zur Stellung von Kunst und Kultur in der Gesellschaft

Eine soziologische Analyse des Theaterpublikums

Ludwig-Maximilians-Universität München

Institut für Soziologie

Wintersemester 2013/2014

Vorgelegt von:

Christian Rauschert

Inhaltsverzeichnis

1. Einleitung

„Das Drama auf der Bühne ist erschöpfender als der Roman, weil wir alles sehn, wovon wir sonst nur lesen", dieses Zitat von Franz Kafka beschreibt recht deutlich, welchem Aspekt von Attraktivität das Theater unterliegt. Menschen gehen in das Theater um sich der Unterhaltung des Schauspiels hinzugeben, um es genauer mit den Worten von Bertold Brecht zu sagen: *„Seit jeher ist es das Geschäft des Theaters wie aller anderen Künste auch, die Leute zu unterhalten."* (Brecht 1967, S. 663). Das Theater nimmt im Bereich der Kunst eine gewisse Position in unserer Gesellschaft ein, die wohl vor allem mit dem Zwecke der Unterhaltung in Verbindung gebracht wird. Doch wie kommt es, dass sich das Theater über die Zeit von seinen historischen Anfängen bis heute einer so starken Präsenz bedienen konnte? Hierzu ist zunächst zu bedenken, dass das Theater ebenso wie alle anderen Betriebe und Unternehmen den wirtschaftlich- ökonomischen Regeln unterliegt. So stellt es z B. genauso wie diese Arbeitsplätze wie die des Regisseurs oder des Schauspielers bereit, die für ihre Arbeit entlohnt werden. Es kann nicht nur alleine von seinen Aufführungen und der Schauspielkunst seiner Akteure als Institution und Kulturbetrieb „überleben". Eine genauso wichtige vielleicht sogar noch wichtigere Rolle nimmt hierbei das Publikum ein, denn ohne dieses wäre eine Vorstellung undenkbar – man bedenke alleine die Eintrittspreise, welche für eine jede Aufführung zu entrichten sind, damit sich das ökonomische Rad des Theaters als Kulturbetrieb weiterhin drehen kann. Doch aus welchen Personen bzw. welchen Gruppen von Menschen setzt sich dieses Publikum zusammen? Diese Frage mit der schlichten Antwort des Kunstinteresses zu beantworten wäre zu banal. Denn wer gilt als Kunst interessiert und wer nicht? Wie kommt dieses Interesse zu Stande? Und welche Unterschiede sind dabei zu verorten? Diese Fragen sollen im weiteren Verlauf dieser Arbeit anhand der Analysen des Soziologen Pierre Bourdieu untersucht werden. Anschließend daran soll versucht werden eine Verbindung zu dem Werk „Wir alle spielen Theater" von Erving Goffman hergestellt zu werden. Doch zunächst soll ein kurzer Einblick in den Gegenstand des frühen, klassischen Theaters gewährleistet werden.

2. Warum Theater?

„Allgemein scheinen zwei Ursachen die Dichtkunst hervorgebracht zu haben, und zwar naturgegebene Ursachen. Denn sowohl das Nachahmen selbst ist den Menschen angeboren – es zeigt sich von Kindheit an, und der Mensch unterscheidet sich dadurch von den übrigen Lebewesen, daß er in besonderem Maße zur Nachahmung befähigt ist und

seine ersten Kenntnisse durch Nachahmung erwirbt – als auch die Freude die jedermann an Nachahmungen hat" (Aristoteles, S. 11).

Mit diesem Zitat behauptet Aristoteles, dass zum einen die Übernahme von bestimmten Handlungen und Verhaltensweisen, welche dem Menschen seit seiner Geburt zugrunde liegen, sowie die dabei empfundene Freude die zwei ausschlaggebenden Ereignisse waren, welche zur Bildung der Dichtkunst und des Schauspiels im Theater geführt haben. Das Nachahmen von bestimmten Handlungen anderer Personen in der eigenen Kindheit befähigt ein Kind z. B. erst dazu ein Verständnis dafür zu bekommen, wie viele Dinge in unserer Gesellschaft funktionieren - es dient somit ebenso als Lernprozess. Theater dient jedoch vor allem dem Zwecke der Unterhaltung, wie Bertold Brecht schreibt: *„Theater besteht darin, daß lebende Abbildungen von überlieferten oder erdachten Geschehnissen zwischen Menschen hergestellt werden, und zwar zur Unterhaltung." (Brecht 1967, S. 663).* Doch was macht das Theater so unterhaltsam für den Zuschauer auf seinem Platz vor der Bühne? Aristoteles schreibt hierzu: *„Denn von Dingen, die wir in der Wirklichkeit nur ungern erblicken, sehen wir mit Freude möglichst getreue Abbildungen, z. B. Darstellungen von äußerst unansehnlichen Tieren und von Leichen." (Aristoteles, S. 11).* Der Zuschauer kann also von seiner Position aus die Rolle eines distanzierten Beobachters einnehmen und ist sich dessen bewusst, dass das, was sich vor ihm auf der Bühne abspielt, eben nur ein Schauspiel ist, welches keinerlei Konsequenzen für die Realität hat. Intrigen, Mord und Totschlag auf der Bühne wirken z. B. deshalb so interessant und unterhaltsam für den Zuschauer, weil der normale Bürger eher selten einer Konfrontation mit solchen Ereignissen in der Realität ausgesetzt ist. Kompliziert wird eine solche Form der Darstellung jedoch dann, wenn für den Rezipienten nicht mehr eindeutig klar ist, was auf der Bühne Realität ist und was Fiktion. Ein Beispiel hierfür ist die Aufführung „Lips of Thomas" vom 24. Oktober 1975 in der Galerie Krinzinger in Innsbruck von der jugoslawischen Künstlerin Marina Abramovic. In dieser Vorstellung entledigte sie sich ihrer Kleidung und unterzog sich einer Art Selbstfolter auf der Bühne vor dem Publikum. *„Sie mißhandelte ihren Körper unter entschiedener Mißachtung seiner Grenzen" (Fischer-Lichte 2004, S. 10).* Dies führte soweit, dass einzelne Zuschauer schockiert von der Szene die sich ihnen darbot in das Geschehen auf der Bühne eingriffen und Abramovic von ihrer Selbstgeißelung abhielten. An diesem Beispiel wird deutlich, dass sobald sich Realität und Fiktion auf der Bühne im Schauspiel vermischen und für den Zuschauer nicht mehr klar differenzierbar sind ein Konflikt auftritt. *„Abramovic schuf in und mit ihrer Performance eine Situation, welche* *die Zuschauer zwischen die Normen und Regeln von Kunst und Alltagsleben, zwischen ästhetische und ethische Postulate versetzt" (Fischer-Lichte 2004, S. 11).*

3. Bildung und Kunst

Wie unterscheidet sich die Kunstwahrnehmung von Mitgliedern in der Gesellschaft? Die folgende Analyse erfolgt basierend auf den Untersuchungen des französischen Soziologen Pierre Bourdieu. Bourdieu geht in seinen Analysen davon aus, dass jedem Kunstwerk ein sogenannter Code zugrunde liegt, welchen es zu entschlüsseln bzw. zu decodieren gilt. Das Werkzeug, welches hierfür zur Decodierung eines jeden Kunstwerkes benötigt wird, bezeichnet er dabei als einen Schlüssel. Er geht im Weiteren davon aus, dass jede Betrachtung von Kunstwerken eine bewusste oder eine unbewusste Dekodierung innehat. (vgl. Bourdieu 1974, S. 159). Er differenziert somit zwei Arten von Decodierung:

> *„Eine erste Dekodierung, die sich unbewußt vollzieht. Ein unmittelbares und adäquates Verstehen wäre daher nur in dem speziellen Fall möglich und gewährleistet, in dem der kulturelle Schlüssel, der diese Dekodierung ermöglicht, dem Betrachter (aufgrund seiner Kompetenz oder seines Rezeptionsvermögens) unmittelbar und vollständig verfügbar wäre und mit dem kulturellen Code übereinstimmte, der dem betreffenden Werk zugrunde liegt" (Bourdieu 1974, S. 159).*

Jeder Betrachter eines Kunstwerkes interpretiert also mit den ihm zur Verfügung stehenden Mitteln das vorliegende Werk, zunächst passiert dies unbewusst. Verfügt der Betrachter über genügend Kenntnisse, sogenannte Schlüsselqualifikationen, dann ist es ihm möglich, eine angemessene und zutreffende Interpretation des Werkes vorzunehmen, der Schlüssel passt sozusagen in das zugehörige Schloss. Falls diese Voraussetzungen jedoch nicht erfüllt sind, kommt es zu Komplikationen. Die Illusion des Betrachters zu Glauben er verstünde den Sinngehalt bzw. er wisse das Kunstwerk angemessen zu interpretieren und somit zu decodieren führt zu einem illusorischen Verständnis des Werkes, welches durch einen falsch gewählten Schlüssel zustande kommt. Menschen, die nicht über die benötigten Kompetenzen einer solchen Entschlüsselung verfügen, wenden somit unbewusst denjenigen Schlüssel auf Erzeugnisse einer fremden ihnen unbekannten Tradition an, welcher für die alltägliche Wahrnehmung und somit für die Entschlüsselung der ihnen vertrauten Gegenstände zur Verfügung steht. (vgl. Bourdieu 1974, S. 161). Die Verwendung eines falsch gewählten Schlüssels kommt durch die Annahme zustande, dass das vorliegende Kunstwerk nicht codiert sei, der Aspekt, dass eine andere Art von Codierung vorliegen könnte wird dabei missachtet. Bei der zweiten Art der Decodierung nach Bourdieu handelt es sich um die bewusste Decodierung. Dem Rezipienten ist dabei bewusst, wie er das vorliegende Bild oder Theaterstück zu interpretieren hat, weil er über die nötigen Kompetenzen (Wissen) zur richtigen Entschlüsselung des Codes verfügt, er ist sozusagen im Besitz des passenden Schlüssels. Das Wissen, sowie das Nichtwissen um das Vorhandensein eines solchen Codes sowie deren Entschlüsselung sind durchaus dafür ausschlaggebend, wie ein Rezipient ein Kunstwerk bewertet. Man stelle sich vor, ein Besucher eines Theaters oder einer Kunstausstellung betrachte ein Kunstwerk oder schaue sich eine Aufführung an und stelle dann mit den Worten: „Das hätte ich auch machen können" fest, dass er keinerlei Sinn in diesem Werk erkennen kann, weil er nicht über den Schlüssel und das Wissen verfügt, welches nötig wäre, um den wahren Code zu entschlüsseln. Dies könnte folglich durchaus Auswirkungen darauf haben, ob er sich weiterhin in Kunstausstellungen oder Theateraufführungen begibt, zumindest in solche desselben Künstlers.

„Überschreitet die Botschaft seine Verständnismöglichkeiten oder geht, genauer gesagt, der Code des Werkes aufgrund seiner Finesse und Komplexität über den Code des Betrachters hinaus, so hat dieser gewöhnlich kein Interesse an etwas, das ihm als ein Wirrwar ohne Sinn und Fug erscheint, als ein Spiel von Klängen oder Farben ohne jede Notwendigkeit" (Bourdieu 1974, S. 177).

Dem Problem dieser fehlenden Kompetenzen zur Entschlüsselung kann dabei entweder durch eine Verminderung des Emissionsniveaus des Kunstwerkes oder durch eine Erhöhung des Rezeptionsniveaus des Rezipienten entgegengewirkt werden. Dabei besteht die einzige Möglichkeit einer Verminderung des Emissionsniveaus darin, mit dem Kunstwerk zugleich auch den Code zu liefern, welcher zur Entschlüsselung erforderlich ist, z. B. in verbaler oder grafischer Form (vgl. Bourdieu 1974, S. 177). Bourdieu begründet das Problem des falsch angewandten Codes zur Entschlüsselung mit der unterschiedlichen Verteilung von Kapital in der Gesellschaft. Hierbei unterscheidet er zwischen ökonomischem, sozialem und kulturellem Kapital. Als ökonomisches Kapital werden hauptsächlich materielle Ressourcen verstanden wie z. B. Besitz, Eigentum oder Einkommen. Bei sozialem Kapital handelt es sich um *„(...) Ressourcen, die auf der Zugehörigkeit zu einer Gruppe beruhen." (Bourdieu 1983, S. 191).* Unter kulturellem Kapital versteht er das Bildungskapital, also diejenigen Wissensbestände und Fertigkeiten, welche durch Sozialisation zustande kommen und für das jeweilige Herkunftsmilieu typische Umgangsformen, sowie Verhaltensweisen darstellen (vgl. Bourdieu 1983, S. 186 ff.). Kapital, und somit auch Bildung ist in unserer Gesellschaft ungleich verteilt, so gibt es Menschen mit einem höheren Grad und Menschen mit einem niedrigeren Grad an Bildung. Er behauptet, dass diejenigen

Personen, die der untersten Bildungsschicht unserer Gesellschaft zugehörig sind viel stärker dazu neigen, eine realistischere Darstellung von Kunst zu fordern, weil sie nicht über die entsprechenden Wahrnehmungskategorien verfügen. Aufgrund dieses Mangels tendieren sie vielmehr dazu, den ihnen bekannten Schlüssel anzuwenden, mit dessen Hilfe sie die Gegenstände ihres Alltags zu entschlüsseln wissen (vgl. Bourdieu 1974, S. 162). Die Gebildeten halten dagegen die Wahrnehmungsweise, die für eine solche Decodierung benötigt wird für natürlich, (d. h. zugleich selbstverständlich und quasi in der Natur begründet) (vgl. Bourdieu 1974 S. 163). Dem ist jedoch nicht so, weil diese Wahrnehmungsweise:

„(...) doch nur eine unter anderen möglichen ist und durch eine mehr oder weniger dem Zufall überlassene oder zielgerichtete, bewußte oder unbewußte, institutionalisierte oder nicht institutionalisierte Erziehung erworben wird" (Bourdieu 1974, S. 163). Menschen, die aus einer bildungsärmeren Schicht stammen verfügen somit nicht über die gleichen Kompetenzen zur Decodierung eines Kunstwerkes, weil sie diese Fähigkeiten nicht seit ihrem Kindesalter bewusst oder unbewusst institutionalisieren und somit verinnerlichen konnten. Es hat somit keine Habitualisierung der benötigten Kompetenzen stattgefunden (auf den Begriff des Habitus soll an dieser Stelle nicht näher eingegangen werden). So ist anzunehmen, dass Kinder, welche aus einem Elternhaus stammen, in denen sich einer oder beide Elternteile stark für Kunst und Kultur interessieren, auch selbst ein größeres Interesse dafür haben. Im Gegensatz dazu werden Kinder, welche aus einem Elternhaus stammen, in dem sich keiner der beiden Elternteile für Kunst und Kultur interessiert auch ein dementsprechendes Defizit um das Wissen in solchen Fachbereichen vermerken und seltener Museen, Kunstausstellungen und Theater besucht haben. Diese Ungleichheit soll durch den Kunstunterricht in der Schule beglichen werden können.

„Selbst wenn [die Schule] weder eine spezifische Anregung zur kulturellen Praxis noch ein Arsenal zusammenhängender und z. B. spezifisch auf Werke der Bildhauerei zugeschnittener Begriffe liefert, flößt sie doch eine bestimmte Vertrautheit mit der Welt der Kunst ein (die konstitutiv ist für das Gefühl, zur gebildeten Klasse zu gehören), so daß man sich in ihr zu Hause und unter sich fühlt, als sei man der prädestinierte Adressat von Werken, die sich nicht dem ersten besten ausliefern" (Bourdieu 1974, S. 185 ff.)

Es herrscht also die Vorstellung vor, dass der Kunstunterricht in der Schule zumindest teilweise eine Art Ausgleich für das schaffen kann, was Kindern aus bildungsärmeren Schichten hinsichtlich des vermittelten Wissens und ihrem Interesse für Kunst fehlt. Jedoch setzt der Kunstunterricht ebenfalls wie z. B. der Unterricht in der Muttersprache notwendigerweise Individuen voraus, welche bereits ein fundiertes Wissen auf diesem Gebiet erworben haben, ohne sich auf diese Voraussetzung hin einzurichten. Der Aspekt der ungleichen Verteilung des Bildungskapitals in den verschiedenen sozialen Milieus wird dabei missachtet (vgl. Bourdieu 1974, S. 189). *„Denn dieser Unterricht dispensiert sich von der Aufgabe, allen das explizit zu vermitteln, was er implizit von allen verlangt" (Bourdieu 1974, S. 190).* Der Erfolg von Kindern aus bildungsreicheren Familien im Kunstunterricht und der Schule stellt somit einen deutlichen Vorteil gegenüber Kindern dar, welche aus bildungsärmeren Familien stammen. Dieser Vorteil bleibt jedoch unbeachtet und wird stattdessen als Begabung deklariert. Das Interesse an Kunst und somit auch am Theater sieht sich also durchaus maßgeblich in der ungleichen Verteilung von Bildung in der Gesellschaft gegeben. Je höher der Bildungsabschluss einer Person, desto höher ist sein kulturelles Bedürfnis, und umso mehr bedarf es, dieses Bedürfnis zu stillen. Ist der Bildungsabschluss einer Person sehr gering und war die Zeit seines Schulbesuchs nur sehr knapp bemessen, desto geringer ist sein kulturelles Bedürfnis (vgl. Bourdieu 1966, S. 67).

4. Zum Privileg des Genusses

„Jedes kulturelle Produkt, von der Küche über den Western bis zur seriellen Musik, kann zum Gegenstand verschiedener Arten von Verständnis werden, die vom einfachsten und alltäglichen Erlebnis bis zum gebildeten Genuß reichen" (Bourdieu 1974, S. 167). Bourdieu beschreibt zunächst zwei extreme Formen des *ästhetischen Vergnügens* bezogen auf die Wahrnehmung von Kunst. Zum einen das auf die reine Wahrnehmung (aisthesis) beschränkte *Vergnügen* von Wahrnehmung und zum anderen den *Genuss* des gelehrten Geschmacks. (vgl. Bourdieu 1974, S. 168). Hierbei gibt es jedoch durchaus Zwischenformen, welche in die eine oder andere Richtung tendieren können, ohne diese jedoch vollständig zu erreichen. Ersteres kann von jedem Rezipienten empfunden werden, während sich der Genuss des gelehrten Geschmacks sich nur denjenigen vorenthält, welche über das nötige Rüstzeug einer angemessenen Entschlüsselung des Kunstwerks verfügen. Dieser Besitz der wie bereits schon öfter angedeuteten Kompetenzen zur Entschlüsselung des Codes eines Kunstwerkes bildet somit die Grundvoraussetzung, um überhaupt in den Genuss des gelehrten Geschmacks zu kommen. Aber auch der unerfahrene Betrachter eines Kunstwerkes kann das Niveau der Gefühle und Affektionen also die reine und simple *aisthesis* überschreiten, jedoch wird er hierbei wie bereits erwähnt aufgrund seiner fehlenden Kompetenzen bezüglich der angemessenen Decodierung des Werkes sein Alltagsverständnis zur Interpretation heranziehen (vgl. Bourdieu 1974, S. 168). *„Das Kunstwerk im Sinne eines*

symbolischen – und nicht so sehr ökonomischen – Gutes (auch das nämlich kann es sein)
existiert als Kunstwerk überhaupt nur für denjenigen, der die Mittel besitzt, es sich anzu-
eignen, d. h. es zu entschlüsseln" (Bourdieu 1974, S. 169). Bourdieu geht somit davon aus,
dass nur derjenige, der über die nötigen Kompetenzen verfügt, den wahren künstlerischen
Wert eines Kunstwerkes zu erkennen vermag. Dieser Grad der ästhetischen Kompetenzen
eines Subjekts bemisst sich des Weiteren hinsichtlich der Fülle und der Vielfalt des ange-
eigneten Wissens, sowie der erforderlichen Instrumente zur angemessenen Entschlüsselung
eines Kunstwerkes *„(...) wie sie einer gegebenen Gesellschaft zu einem gegebenen Zeit-*
punkt offeriert werden" (Bourdieu 1974, S. 169). Somit erfordert es, um ein Kunstwerk auf
spezifisch ästhetische Weise betrachten zu können, dass man *„(...) es in Beziehung zu al-*
len Werken (und nur zu diesen Werken) setzt, die insgesamt die Klasse bilden, der es ange-
hört" (Bourdieu 1974, S. 171). Der **barbarische Geschmack** der unteren Klassen der Be-
völkerung dagegen ist dadurch gekennzeichnet, dass jedes Werk eine Funktion erfüllen
müsse. Falls diese Funktion jedoch für den Rezipienten nicht ersichtlich ist, aufgrund fehlender Kompetenzen, entwickelt dieser eine Abneigung gegen das Kunstwerk, weil er es
als ein mühelos entstandenes versteht. Um ein Kunstwerk aber in Beziehung zu anderen
Kunstwerken setzen zu können, welche derselben Klasse angehören, muss dem Rezipienten jedoch bereits ein detailliertes Wissen um diese anderen Klassen oder Epochen der
Kunst vorliegen, um Gemeinsamkeiten und Unterschiede feststellen zu können. (vgl.
Bourdieu 1974, S. 173 ff.). Dies erfordert also ein komplexes Wissen um die jeweiligen
Wissensbestände, die zu einem bestimmten Zeitpunkt in einer bestimmten Gesellschaft im
Bereich der Kunst bereit stehen. Erst dann ist es ihm möglich, eine genaue Analyse des
ihm vorliegenden Kunstwerkes vorzunehmen. Deshalb fällt es oftmals so schwer bei dem
Aufkommen einer neuen Art von Kunst diese angemessen interpretieren oder einordnen zu
können, wenn bis zu diesem Zeitpunkt keinerlei Wissensbestände in der Gesellschaft zu
dieser Form von Kunst vorhanden sind. Aus dem bereits gesagten ist hier als Zwischenfazit
anzumerken, dass Personen, welche der höheren Bildungsschicht der Gesellschaft zugehörig sind, über entsprechende Kompetenzen verfügen, welche es ihnen erlauben den „wahren" Sinngehalt eines Kunstwerkes zu durchschauen und somit den Code angemessen zu
entschlüsseln. Daraus resultiert, dass diese in den wahren Genuss des gelehrten Geschmacks (wie z. B. den Hauch von Exklusivität kommen, denn *„[n]ur sie nämlich messen*
[den Kunstwerken] überhaupt Wert bei, und das nur deshalb, weil sie über die Mittel ver-
fügen, sie sich anzueignen." (Bourdieu 1974, S. 181)), welcher durchaus mehr Freude be-
reitet als das reine Vergnügen des Ästhetischen. Personen aus einer niedrigeren Bildungs-

schicht kommen aufgrund fehlender Kompetenzen nicht in den Genuss dieses Geschmacks und empfinden folglich nicht dieselbe Freude an Kunst. Die wahre Freude in den Genuss des gelehrten Geschmacks zu kommen stellt somit wohl ein Privileg dar, dass nur den gebildeten in der Gesellschaft vorenthalten ist.

5. Aneignungsweisen von Kunst

Nachdem im Vorangegangenen darauf eingegangen wurde, in welchem Verhältnis Bildung und Kunstinteresse zueinanderstehen, soll im Folgenden darauf eingegangen werden, was für eine Art von Publikum das Theater anzieht und welche Unterschiede hierbei zu verorten sind. Hierbei wird vor allem auf das Werk „Die feinen Unterschiede" von Bourdieu Bezug genommen. Hierbei entwickelt Bourdieu eine Theorie, die versucht, indem sie kulturelle Vorlieben und Aversionen zum Gegenstand der soziologischen Analyse macht, der gesellschaftlichen Dimension ästhetischer Geschmacksurteile gerecht zu werden. (vgl. Parzer 2008, S. 27). Somit lassen sich laut Bourdieu „(...) zwei Aneignungsweisen von Kunst [unterscheiden], in denen sich zwei umgekehrt proportionale Kapitalstrukturen manifestieren" (Bourdieu 1987, S. 417). Seinen Untersuchungen zufolge lässt sich feststellen, dass es durchaus nicht unerhebliche Differenzierungen in der Erwartungshaltung gegenüber eines Theaterstückes von beispielsweise denjenigen Personen der Gesellschaft gibt, die über relativ wenig ökonomisches Kapital und relativ viel kulturelles Kapital verfügen und denjenigen Personen bei denen dieses Kapitalverhältnis genau umgekehrt ist (vgl. Bourdieu 1987, S. 417 ff.). Es gilt im Folgenden, diese Erwartungshaltungen genauer zu differenzieren. Auf der einen Seite beschreibt Bourdieu zunächst die Gruppe der **gestandenen oder angehenden Intellektuellen** Personen, welche die Meinung vertreten, man gehe ins Theater, um eine Vorstellung zu sehen, nicht um gesehen zu werden. Diese Personen besitzen ein relativ hohes kulturelles Kapital und „(...) suchen gewissermaßen ein Maximum an kultureller Leistung zu den geringsten ökonomischen Kosten (...) (Bourdieu 1987, S. 420). Ihnen steht dabei die Befriedigung, die sie erreichen und welche durch die symbolische Aneignung des Werkes vermittelt wird an zentraler Stelle. Der Theaterbesuch kann sozusagen als eine ökonomische Kosten- Leistungsrechnung betrachtet werden. Den Kosten (Eintrittspreise oder Anfahrtskosten für eine Theatervorstellung oder einer Kunstausstellung) kann dabei die Leistung oder auch der Ertrag (die Befriedigung oder Erfüllung von kulturellen Bedürfnissen durch das Schauspiel im Theater oder der Kunstwerke einer Kunstausstellung) gegenübergestellt werden. Diesen symbolischen Ertrag erwarten die Mitglieder der gestandenen oder angehenden Intellektuellen vom Werk selbst, z. B. von

seiner seltenen Qualität (vgl. Bourdieu 1987, S. 420). Auf der anderen Seite steht die sogenannte *herrschende Fraktion*, Personen die dieser Gruppe zugehörig sind, verfügen über
ein relativ geringes kulturelles Kapital, jedoch über ein hohes ökonomisches Kapital. Im
Gegensatz zur Gruppe der Intellektuellen gehört ein Theaterabend für die herrschende
Fraktion nicht zur Routine und stellt somit folglich etwas Besonderes dar. *„(...) [F]ür sie
ist der Theaterabend sowohl Anlaß zu aufwendigen Ausgaben wie zur Demonstration dieser Ausgaben" (Bourdieu 1987, S. 420).* Aus den statistischen Untersuchungen von
Thomas Gale Moore zu den Besucherzahlen des Boulevardtheaters in den USA geht z. B.
hervor, dass mit einem steigenden Einkommen auch die Gesamtausgaben für einen Theaterbesuch steigen (vgl. Moore 1966, S. 80). Diese Ausgaben zeigen sich z. B. in der Auswahl der Abendgarderobe oder in der Reservierung der teuersten Plätze im Theater. Zumeist wird nach der Theatervorstellung auch noch gemeinsam soupiert. *„Ihr Theater wäh-
len sie nach denselben Grundsätzen wie ihre Boutique, die auch alle Kennzeichen von
Qualität zu tragen und vor bösen Überraschungen und geschmacklichen Entgleisungen zu
bewahren hat (...)" (Bourdieu 1987, S. 420 ff.).* Die Gruppe der Intellektuellen verzichtet
im Gegensatz dazu, auf jede ostentative Ausgabe und auf jede andere Befriedigung neben
dem Ertrag des Theaterstückes selbst. So wie sich die Auffassungen eines „gelungenen"
Theaterabends dieser beider Gruppen hinsichtlich der äußeren Rahmenbedingungen unterscheidet, so unterscheiden sich auch die jeweiligen Erwartungshaltungen an das Theaterstück selbst. So wird z. B. die Auswahl eines sehenswerten Theaterstückes von den Personen welche der herrschenden Fraktion angehören oftmals anhand von Kriterien wie der
Berühmtheit des Regisseurs oder der Schauspieler festgemacht. Es soll schlicht dem Zwecke der Unterhaltung dienen geschmückt mit Elementen von Humor und sich ausschließ-
lich mit Problemen befassen, die sich „jedermann" stellt um das Publikum zu „entlasten".
(vgl. Bourdieu 1987, S. 421). Derjenige Teil des Publikums, welcher der Gruppe der Intellektuellen zuzusprechen ist, wählt nach vollkommen anderen Kriterien, nämlich nach solchen, welche vermuten lassen, dass das gewählte Stück zu einer Befriedigung seiner
durchaus komplexeren, anspruchsvolleren kulturellen Bedürfnisse beitragen könnte. Aus
dem bereits dargelegten lässt sich somit schlussfolgern, dass es durchaus unterschiedliche
Aneignungsweisen von Kunst gibt. Diese unterscheiden sich hinsichtlich ihrer verschiedenen Erwartungshaltungen der beiden entgegengesetzten Gruppen z. B. gegenüber einem
Theaterstück. Während bei der Gruppe der Intellektuellen das Stück selbst im Vordergrund
steht, nimmt das prunkvolle „Theater" um das eigentliche Stück herum einen höheren Stel-
lenwert für die Gruppe der herrschenden Fraktion ein. Hierbei wird durch die Demonstra-

tion von aufwendigen Ausgaben der eigene Status gewissermaßen zur Schau gestellt. Die Worte „zur Schau gestellt" wurden hierbei nicht unabsichtlich gewählt, denn daraus ergeben sich folgende Fragestellungen: Muss man wirklich kunstinteressiert sein und ins Theater gehen, um sich eine Aufführung anzusehen? Und wo begegnet man Theater im Alltag? Diese Fragen sollen im weiteren Verlauf dieser Arbeit anhand der Theorie des berühmten Soziologen Erving Goffman untersucht werden. Die folgende Analyse bezieht sich hierbei hauptsächlich auf sein Werk „Wir alle spielen Theater. Die Selbstdarstellung im Alltag." Hierbei soll jedoch nur kurz skizziert werden, um was es Goffman in seinen Untersuchungen geht.

6. Wir alle spielen Theater?

Mit dem Begriff des Theaters im klassischen Sinne verbindet man automatisch Inszenierungen auf großen Bühnen, welche laut Brecht (wie schon Eingehens erwähnt) eigens dem Zweck der Unterhaltung des Publikums dienen. Heutzutage ist das Theater kulturell etablierter Bestandteil unserer Gesellschaft, wo begegnet man dem Theater jedoch im Alltag? Diese Frage soll im Folgenden geklärt werden. Floskeln oder Redewendungen wie z. B. „Was soll das Theater?" oder „Lass das Theater!" sind wohl nahezu jedem, der der deutschen Sprache mächtig ist bekannt. Das Kollektiv weiß ebenso um den Sinn, welcher sich hinter diesen Worten befindet, doch bezieht man diese Floskeln und Aussagen auf die oben stehenden Ausgangsfragen, drängen sich folgende Fragen auf: wo ist hier eine Bühne oder gar ein Publikum zu verorten? *„Die soziale Welt ist eine Bühne, eine komplizierte Bühne sogar, mit Publikum, Darstellern und Außenseitern, mit Zuschauerraum und Kulissen, und mit manchen Eigentümlichkeiten, die das Schauspiel dann doch nicht kennt."* Dieses Zitat stammend aus dem Vorwort von Goffmans Werk „Wir alle spielen Theater" wurde von Lord Ralf Dahrendorf verfasst, und deutet bereits darauf hin, worum es Goffman in seinen Analysen geht. Er geht davon aus, dass sich nahezu alle Personen der Gesellschaft im Alltag selbst darstellen, ein Großteil unsers menschlichen Verhaltens sei also ein Schauspiel. Unser Handeln vollzieht sich dabei in unterschiedlichen sozialen Rollen, die wir einnehmen und in denen wir uns möglichst gut „verkaufen" müssen, um glaubwürdig zu erscheinen. Von diesen Annahmen ausgehend, sieht er Parallelen in den einzelnen Begrifflichkeiten aus der Theaterwelt gegeben. Wie im Theater werden hierbei Rollen von Personen eingenommen, um den Zuschauern ein bestimmtes Bild von sich oder der eigenen Situation zu vermitteln. Mit dem Spielen einer Rolle fordert der Darsteller seine Zuschauer quasi dazu auf, den Eindruck den er vermittelt ernst zu nehmen und versucht sie somit Glauben zu machen, dass er wirklich die dargestellten Eigenschaften desjenigen Charakters, den er versucht darzustellen besäße. Er spielt somit also eine Rolle für die Zuschauer (das Publikum) und inszeniert seine Vorstellung für diese (vgl. Goffman 2003, S. 19). Hierbei unterscheidet Goffman zwei unterschiedliche Positionen, die der Darsteller selbst hinsichtlich seiner Rolle einnehmen kann. Auf der einen Seite die Position des *Aufrichtigen*, der von seiner eigenen Rolle wirklich überzeugt ist, sich somit also selbst glaubt und auf der anderen Seite die Position des *zynischen* Darstellers, der überhaupt nicht von seiner eigenen Rolle überzeugt ist, sich also bewusst ist, dass das, was er spielt, nicht der Wahrheit entspricht. Letzterer handelt dabei jedoch nicht, wie man vermuten könnte nur aus Eigennutz oder zum Zweck des persönlichen Gewinns, er kann auch zum eigenen Besten des Publikums oder dessen Gemeinwohl in die Irre führen (vgl. Goffman 2003, S. 20). Weiterhin führt Goffman den Begriff der *Fassade* ein und definiert diesen als einen Teil der Darstellung. Er begreift die Fassade als „(...) *das standardisierte Ausdrucksrepertoire, das der Einzelne im Verlauf seiner Vorstellung bewußt oder unbewußt anwendet"* (Goffman 2003, S. 23). Der Fassade zugehörig, ist unter anderem der Begriff des *Bühnenbildes*, das eine Art Weltverankerung zeigt und die Verortung eines Milieus innerhalb der Gesellschaft schafft. Es setzt sich wie im Theater aus Möbelstücken, Dekorationselementen, Versatzstücken oder der ganzen räumlichen Anordnung zusammen. Es umfasst laut Goffman „(...) *die Requisiten und Kulissen für menschliches Handeln, das sich vor, zwischen und auf ihnen abspielt"* (Goffman 1959, S. 23). Eine Abspaltung von der Fassade und des szenischen Bühnenbildes bildet die *persönliche Fassade,* diese unterscheidet zwischen fixen Merkmalen einer Person, wie z. B. Alter oder Geschlecht, und denjenigen Merkmalen die flüchtig sind, wie z. B. die Mimik. Des Weiteren lässt sie sich in die Elemente *Erscheinung* und *Verhalten* unterteilen,

„*[d]er Begriff Erscheinung bezieht sich dabei auf die Teile der persönlichen Fassade, die uns über den sozialen Status des Darstellers informieren." (Goffman 1959, S. 25). „Mit Verhalten sind dann die Teile der persönlichen Fassade gemeint, die dazu dienen, uns die Rolle anzueignen, die der Darsteller in der Interaktion zu spielen beabsichtigt."(Goffman 1959, S. 25).*

Erscheinung und Verhalten können sich dabei widersprechen. Fassaden werden meist nicht von Personen geschaffen, sondern werden gewählt um sich darzustellen, dabei können jedoch Schwierigkeiten auftreten. So werden z. B. von einer Person während einer Interaktion Beweise seiner Fähigkeiten innerhalb von Sekundenbruchteilen verlangt, wenn diese möchte, dass seine Tätigkeiten Bedeutung für andere gewinnen soll. Goffman geht allgemein davon aus, dass Darstellungen einer Sozialisierung unterliegen, dass bedeutet, sie werden den Erwartungen und dem Verständnis der Gesellschaft vor denen sie stattfinden angepasst. So wird der Einzelne bei seiner Selbstdarstellung versuchen die offiziell anerkannten Werte der Gesellschaft möglichst gut zu verkörpern und diese auch zu belegen. Er wird dies in einem viel stärkeren Maße ausüben, als er es in seinem sonstigen Verhalten tut. (vgl. Goffman 1959, S. 35). Darüber hinaus erwecken Darsteller oftmals den Eindruck, dass die Rolle, die sie in einem bestimmten Augenblick spielen ihre einzige oder wenigstens die wichtigste sei, das Publikum nimmt dabei an, dass die projizierte Rolle die ganze Person des Darstellers umfasse. (vgl. Goffman 1959, S. 46). Insgesamt unterteilt Goffman in seiner Theorie zwischen Vorderbühne und Hinterbühne. Auf der Hinterbühne wird dabei die jeweilige Rolle wie im Theater vorbereitet und auf der Vorderbühne findet das eigentliche Schauspiel also die Aufführung statt. Es wird somit eine Maske vom Schauspieler auf der Vorderbühne getragen, die den Zuschauern zur Schau gestellt wird, indem der Darsteller z. B. die Rolle einer Person verkörpert, die er eigentlich gar nicht ist. Auf der Hinterbühne entfällt diese metaphorische Maske, sie wird sozusagen abgelegt, denn dort entfaltet die Person ihr wahres Selbst. Der Schauspieler wird natürlich darum bemüht sein, zu verhindern, dass die Zuschauer Einblick in diese Hinterbühnen Aktivitäten erhalten und seine vorgeführte Rolle somit auffliegen würde. Eine Methode um dies zu verhindern stellt die *Mystifikation* dar. Sie kann als eine Methode zur Erweckung von Ehrfurcht, durch die Wahrung von sozialer Distanz angesehen werden. Die Selbstdarstellung stellt für Goffman eine Art *Ritual* dar, bei welchem der Einzelne die anerkannten Werte der Gesellschaft verkörpert, erneuert und bestätigt. Diese bühnenwirksame Inszenierung wird hierbei vom Publikum verlangt. Aus dem in diesem Kapitel gesagten kann somit geschlussfolgert werden, dass es nicht zwingend vonnöten ist, ins Theater zu gehen, um sich eine Vorstellung anzusehen. Wohl doch wenn man die Absicht verfolgt seinem Kunstinteresse nachzugehen oder sich einfach nur der schlichten Unterhaltung eines Stückes hingeben möchte mit allem, was der jeweils subjektiven Meinung nach zu einem gelungenen Theaterabend dazugehören vermag. Wie bereits zum Ende des vorangegangenen Kapitels angemerkt wurde, konnten in dieser Analyse nicht alle einzelnen Aspekte des Goffmanschen Werkes in ihrer Ausführlichkeit angeführt werden. So mögen nicht uninteressante Aspekte wie z. B. der des Ausdrucksrepertoires des Darstellers an dieser Stelle aufgrund seiner vermeintlichen Eigenaussagekräftigkeit unbehandelt bleiben. Jedoch ist es gelungen, einen kurzen Einblick in die Theorie dieses großen Soziologen Erving Goffman zu verschaffen.

7. Zusammenführung und Schlusswort

Im Folgenden soll versucht werden, die beiden geschilderten Theorien von Bourdieu und Goffman zusammenzudenken. Welche Gemeinsamkeiten sind zwischen den beiden Theorien zu erkennen? Auf den ersten Blick scheinen hier durchaus unterschiedliche Absichten der beiden Theoretiker verortet zu sein. Während es Bourdieu in seinen Analysen hauptsächlich darum geht welche sozialen Unterschiede zwischen den einzelnen Personen in der Gesellschaft vorliegen, wie diese zustande kommen und welche Auswirkungen diese auf das Kunstinteresse und somit auch dem Theater haben, greift Goffman auf das Modell des Theaters als Institution zurück um darin Parallelen in seinen Begrifflichkeiten für die menschliche Interaktion und das menschliche Handeln zu sehen. Bourdieu kommt bei seinen Untersuchungen zu dem Ergebnis, dass diejenigen Personen, welche über ein relativ hohes kulturelles Kapital verfügen besser in der Lage sind ein Kunstwerk angemessen zu interpretieren, als Personen die über relativ wenig solches Kapital verfügen. Dies sieht sich in der unterschiedlichen Erziehung und somit der bewussten und unbewussten Institutionalisierung dieser Fähigkeiten und Kenntnisse gegeben. Geschmacksurteile und Präferenzen variieren deshalb und sind somit durch den jeweiligen Habitus einer Person bedingt, denn in diesem werden Erfahrungen geprägt, sowie soziale Ordnung inkorporiert. Des Weiteren unterscheidet er zwischen den beiden Gruppierungen der Intellektuellen und der herrschenden Fraktion welche sich wie bereits ausführlich skizziert jeweils in ihren Beweggründen für einen Theaterbesuch differenzieren. Hierbei kann mit der Theorie von Goffman angeschlossen werden. So geht Goffman bei seinen Untersuchungen ebenfalls darauf ein, dass es in den meisten Gesellschaften ein allgemeines oder ein dominantes Schichtungssystem gäbe. In der Literatur finden sich hierzu unter anderen genauere Analysen von Karl Marx, Max Weber oder Pierre Bourdieu. In solchen Gesellschaften herrscht zumeist eine Idealisierung der oberen Ränge der sozialen Schichten vor. Außerdem ist zu beobachten, dass diejenigen Personen, welche den unteren Schichten in der Gesellschaft zugeschrieben werden können zumeist ein ehrgeiziges Streben besitzen, um von ihrer niedrigen Position in eine höhere Position zu gelangen. Um diesen Aufstieg bzw. die Verhinderung eines Abstieges bewerkstelligen zu können, ist eine angemessene Selbstdarstellung die mit der Aufrechterhaltung der jeweiligen Fassade einhergeht vonnöten (vgl. Goffman 1959, S. 36). Hierzu ist es laut Goffman notwendig sich die sogenannten *Bedeutungsträger* zu erwerben, um damit die Selbstdarstellung ausschmücken zu können. „*Vielleicht der wichtigste Teil der Bedeutungsträger innerhalb der sozialen Klassen sind die Statussymbole, die materiellen Wohlstand bestätigen"* *(Goffman 1959, S. 36)*. Da Kultur und Kunstinteresse sowie Kunstkenntnisse in der Gesellschaft häufig mit einem hohen Grad an Bildung in Verbindung gebracht werden und diese wiederum für einen hohen Status innerhalb der sozialen Schichten steht, fällt es leicht der Annahme zu folgen, das eigene Kunstinteresse nur vorzugeben, um sich der oberen Schicht zuschreiben zu lassen. Denn wer häufig ins Theater geht, gilt als Intellektuell, diese Meinung vertreten wohl nicht wenige Mitglieder unserer Gesellschaft. Natürlich trifft diese Annahme nicht auf alle Personen zu, sonst würde das Theater wohl eine erheblich höhere Besucherzahl aufweisen, als es das tut. Jedoch wird es das eine oder andere Gesellschaftsmitglied geben, für den diese Annahme gilt. So z. B. die herrschende Fraktion wie sie Bourdieu beschreibt, die ihren Status durch extrem hohe Ausgaben für einen Theaterabend demonstriert und reproduziert. Hierbei ist natürlich zu bedenken, dass diejenigen Personen der herrschenden Fraktion ohnehin zur oberen Schicht in der Gesellschaft zählen, denn sie besitzen über ein hohes ökonomisches Kapital. Ein kostspieliger Theaterabend dient somit wohl nur der Unterstreichung der eigenen Rolle des wohlhabenden, Kunstinteressenten. Daraus lässt sich schlussfolgern, dass die beiden Theorien von Goffman und Bourdieu zwar zueinander in Verbindung gesetzt werden können, sie jedoch hinsichtlich ihres jeweiligen empirischen Untersuchungsgehaltes unterschiedliche Ziele verfolgen. So wurde Bourdieu stark von seiner eigenen Herkunft, (er stammte aus einfachen Verhältnissen der französischen Unterschicht) und dem Klassenmodell nach Marx in seinem Denken beeinflusst. Goffman interessiert sich viel mehr für das soziale Handeln und die einzelnen Rollen, welche die Individuen dabei in Interaktionen einnehmen. Trotz des großen Zeitunterschiedes der Entstehung beider Theorien zur heutigen Zeit, können diese durchaus als immer noch aktuell eingestuft werden. Wir alle spielen Theater in einer Welt, die sich durchaus in unterschiedliche Klassen und Schichten unterteilen lässt.

8. Literaturverzeichnis

Aristoteles (1994): Poetik, in: Furhmann, M. (Hg.): Aristoteles. Poetik. Reclam.

Bourdieu, Pierre / Alain Darbel (1966): Die Liebe zur Kunst. Europäische Kunstmuseen und ihre Besucher. UVK-Verl.-Ges., Konstanz 2006.

Bourdieu, Pierre (1974): Elemente zu einer soziologischen Theorie der Kunstwahrnehmung, in Ders.: Zur Soziologie der symbolischen Formen. Suhrkamp

Bourdieu, Pierre (1983): Ökonomisches Kapital, kulturelles Kapital und soziales Kapital.In: Kreckel, Reinhard (Hg.): Soziale Ungleichheiten (Soziale Welt Sonderband 2).Göttingen, 183–198.

Bourdieu, Pierre (1987): Aneignungsweisen von Kunst, in Ders.: Die feinen Unterschiede. Kritik der gesellschaftlichen Urteilskraft, Frankfurt/M.

Brecht, Bertold (1967): Kleines Organon für das Theater, in: ders: Gesammelte Werke 16. Schriften zum Theater 2, Werkausgabe Edition Suhrkamp

Fischer-Lichte, Erika (2004): Ästhetik des Performativen. Suhrkamp

Goffman, Erving (2003): Wir alle spielen Theater. Die Selbstdarstellung im Alltag. Piper

Moore, Thomas (1966): The demand for Broadway theater tickets. The Review of Economics and Statistics, Vol. 48, No. 1 (Feb., 1966),

Parzer, Michael (2008): Musikgeschmack in der Popularkultur. Eine kultursoziologische Spurensuche in Online-Foren, unv. Diss. Universität Wien